Motorrad fahren

Ein fröhliches MINI-Wörterbuch für
Motorradfahrer/innen, Beifahrer/innen,
Biker, Rocker, Easy Rider und alle,
die gern auf einem Feuerstuhl hocken.

Von Dorothea Jokutsch
mit Zeichnungen von Peter Ruge

ISBN 3-8231-0447-0

Neu überarbeitete Auflage
Dieses Werk ist einschließlich aller seiner
Teile urheberrechtlich geschützt.
Jede Verwertung außerhalb der engen Grenzen des Urheberrechts
ist ohne Zustimmung des Verlages unzulässig und strafbar.
Dies gilt insbesondere für Vervielfältigungen, Übersetzungen,
Mikroverfilmungen und die Einspeicherung und
Verarbeitung in elektronischen Systemen.

© 2000, Tomus-Verlag GmbH, München

absteigen

Absteigen
Im Jargon anderer Ausdruck für stürzen. Besondere Art der Motorradfahrer, sich – anders als die so genannten Aussteiger – der Natur zu nähern.

abwürgen
1. Einen Motor durch Überlastung zum Stillstand bringen.
2. Gewaltsames Unterbrechen eines Benzin redenden (siehe dort) Motorradfahrers. Wirksames Abwürgen endet meist vor einem Strafgericht.

ADAC
1903 als Deutsche Motorradfahrer-Vereinigung gegründet. Heute Autofahrer-Vereinigung mit dem endgültigen Ziel der Ausrottung aller Zweiräder.

Anti-Dive-System
Aus dem Englischen: Anti-Tauch-Vorrichtung; soll das starke Eintauchen der Telegabel beim Bremsen verhindern, funktio-

niert aber genauso wenig wie das von dem Amsterdamer Joop de Dijver erfundene Dijv-System, das das Versinken von in die Gracht gefallenen Fahrrädern verhindern soll.

Autofahrer
Natürlicher Feind des Motorradfahrers. Autofahrer versuchen ihre Beute vornehmlich durch falsches Abbiegen und Schneiden zu erlegen. Motorradfahrer revanchieren sich durch Rechtsüberholen und Fingerzeigen.

Backenbremse
Einzige Möglichkeit der Verzögerung für einen gestürzten Motorradfahrer, der eine Kurve zu schnell angegangen ist.

Beiwagen
Dem Anhänger verwandtes, einrädriges Vehikel, das seitlich am Motorrad befestigt wird, die Transportleistung des Motorrades um 50 Prozent verbessert, seine Fahreigenschaften aber um 100 Prozent verschlechtert.

Autofahrer

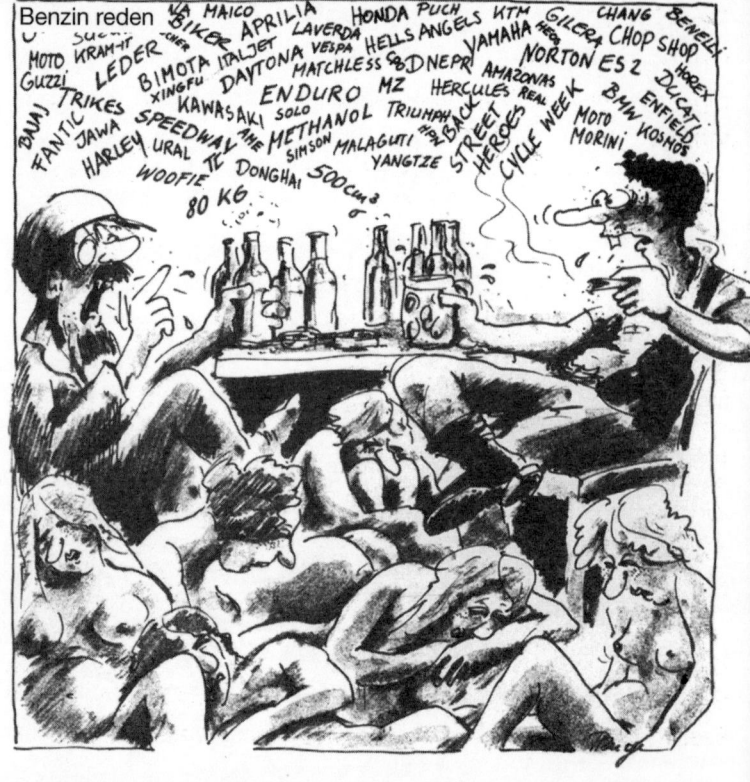

Benzin reden
Lieblingsbeschäftigung aller Motorradfahrer, nämlich ständiges Reden und Diskutieren über Motorräder und Motorrad fahren.

Bikini-Verkleidung
Verkleidung eines Motorrades, die im Gegensatz zur Vollverkleidung nicht die ganze Maschine, sondern zur Verbesserung der Optik nur die hässlichsten Teile des Motorrades abdeckt.
Bei Frauen sollen Bikinis genau das Gegenteil tun.

Bordwerkzeug
Werkzeug, um Wand-Borde zu montieren. Da Motorradfahrer solche Werkzeuge selten brauchen, halten die meisten Motorrad-Hersteller Bordwerkzeuge für überflüssig.

Bremsscheibe
Schutzscheibe, die stechende und beißende Insekten wie Bremsen, Bienen und Wespen vom Fahrer fernhalten soll.

Bulle

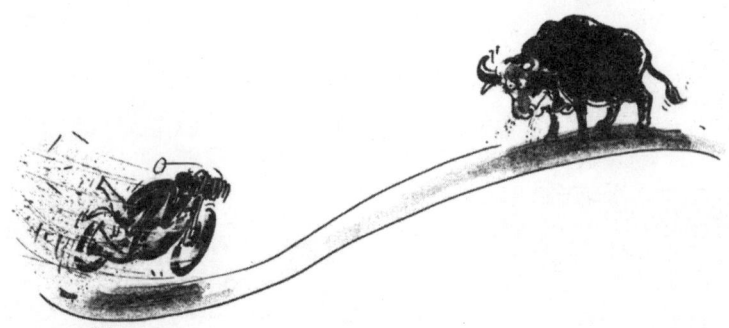

Bulle
Liebevoll gemeinter Ausdruck für Polizist. Leitet sich aus der Tatsache ab, dass Polizisten Motorradfahrern gegenüber meist in Herden auftreten und viele von ihnen auf ein Motorrad wie auf ein rotes Tuch reagieren.

Chopper
Von Rockern bevorzugte Motorrad-Gattung mit kleinem Tank, niedriger Sitzbank, langem Radstand, hochgezogenem V-Lenker und vorzugsweise mit Harley-Davidson-Motor. Das Wort Chopper kommt aus dem Englischen von to chop, also hacken. Gemeint ist damit die Sitte der Chopper-Fahrer, ihre Motorräder von allen überflüssigen Teilen zu befreien, und nicht etwa, dass alle Chopper-Fahrer behackt sind.

Diebstahlsicherung
Früher: wirkungslose Vorrichtung als Ersatz für eine Diebstahlversicherung.
Heute: falsche Schreibweise von Diebstahlversicherung.

Diebstahlsicherung

Diebstahlversicherung
Versicherungsvertrag, der es Motorradfahrern ermöglicht, sich Anfang des Jahres immer das neueste Modell zu kaufen. Bevorzugte Deponie alter Motorräder von Diebstahlversicherungsnehmern sind Baggerseen und tote Flussarme.

Drag Race
In den USA erfundenes Beschleunigungs-Rennen, bei dem es darum geht, möglichst schnell eine schnurgerade Strecke von 1/4 Meile Länge zurückzulegen. Hat seinen Ursprung darin, dass amerikanische Motorräder so unhandlich sind, dass sie nur Rennen gewinnen können, die auf eben solchen Rennstrecken stattfinden.

Drehgriff
1. technisch: der am rechten Lenkerende platzierte Griff zur Regelung der Motordrehzahl.
2. Auf der Polizeischule gelehrter Griff, mit dem Polizisten randalierende Rocker unschädlich machen können.

Drehzahlmesser
Punktrichter bei Wettbewerben mit Drehschieber.

düsen
Anderer Ausdruck für rasen, brettern, scheuchen, gehen lassen, reinhalten.
Das Gegenteil von bummeln, gurken, schleichen, stehen, dösen.

Düsentrieb
1. Vorname Daniel, bekannter Motorrad-Tuner aus Entenhausen.
2. Angeblich allen Motorradfahrern zu eigener, latenter Hang zur Geschwindigkeitsüberschreitung.

Easy Rider
Kultfilm der Rocker-Szene mit Peter Fonda und Dennis Hopper. Inzwischen auch Synonym für Chopper-Fahrer. Obwohl

Drehzahlmesser

EFA

Easy Rider wörtlich übersetzt leichter Reiter heißt, sind so titulierte Motorradfahrer meist eher den Schwergewichten zuzuordnen.

EFA
1. Mofa mit Elektro-Antrieb.
2. Lebensgefährtin des Ur-Motorradfahrers Atam.

Einlasskanal
Speiseröhre eines Motorradfahrers, der seinen Kalorienbedarf überwiegend durch Biertrinken deckt.

Faltenbalg
1. technisch: längenvariables Schutzrohr aus Gummi oder Plastik, das meist an Telegabeln verwendet wird.
2. Jargon für sich kindisch aufführenden, alternden Motorradfahrer.

Fernlicht

Eine von den beiden Schaltmöglichkeiten des Motorrad-Scheinwerfers. Ob mit Fahrlicht oder Fernlicht gefahren wird, macht allerdings in der Regel keinen Unterschied, weil das Licht eines Motorrades ohnehin nicht ausreicht, um die Fahrbahn auszuleuchten.

Flensburg

Stadt in Norddeutschland. Bekannt als Sitz der Brauerei einer bei Motorradfahrern besonders beliebten Biersorte (Flasch Flens). Weniger bekannt als Sitz des weniger beliebten KBA (Kraftfahrt-Bundesamt).

Fulldresser

Voll ausgestattetes Motorrad für Tourenfahrer. Ein solches Motorrad mit Radio, Kofferraum, Rückwärtsgang und Heizung gibt es bereits von Honda. Ein Modell mit Kühlschrank, Schiebedach und Fernsehgerät ist in Vorbereitung.

Fernlicht

Gespann

Fußgänger
Neben den Radfahrern die einzige Gattung Verkehrsteilnehmer, die dem Motorradfahrer unterlegen ist, deshalb besonders beliebt in Biker-Kreisen. Von Motorradfahrern bevorzugter Jagdgrund bei der Verfolgung von Fußgängern sind Zebrastreifen.

Gespann
Motorrad mit Beiwagen. Vereint die Nachteile von Auto und Motorrad. Vorstufe zum Auto für Motorrad-Aussteiger. Geeignetes Fahrzeug auch für jene, die meinen, ein Motorrad lasse sich zu leicht beherrschen.

Grip
Haftung zwischen Reifen und Straßenoberfläche.
Rennfahrer, die unerwartet schlecht abschneiden, führen dies immer auf fehlenden Grip zurück – meistens fehlt es allerdings an Grips.

Gürtelreifen

Nach dem Vorbild des Airbag entwickelter Teil der Sicherheitskleidung:
Ein um die Taille gelegter Reifen bläht sich bei einem Unfall schlagartig auf und umgibt den Motorradfahrer mit einer schützenden Gummikugel. Die Serienproduktion des Gürtelreifens kann allerdings erst aufgenommen werden, wenn der Testfahrer wieder gefunden ist, der zuletzt zwischen München und Würzburg rollend gesichtet wurde.

Harley Davidson

Letzte amerikanische Motorrad-Marke, besonders beliebt bei Rockern. Ganz dem amerikanischen Image von Fortschritt und Progressivität entsprechend mit veralteter Technik, kaum erträglichen Vibrationen und beispielhafter Unzuverlässigkeit.

Helmpflicht

Gilt für alle Motorradfahrer in Deutschland. Steht allerdings in unmittelbarem Widerspruch zum Vermummungsverbot und

Helmpflicht

Honda

führte deshalb zu einer unüberbrückbaren Kluft zwischen dem Bundesverkehrsminister und dem Bundesinnenminister.

Höchstgeschwindigkeit
Wichtigstes Argument für Motorrad-Verkäufer, obwohl die Höchstgeschwindigkeit außer von Testern der Motorrad-Zeitschriften nie ausgefahren wird.

Honda
Bekannter Automobil-Produzent, der mit dem Bau von Motorrädern den Grundstein zu seinem Erfolg bei den Autos legte. Honda leitet sich aus den Anfangsbuchstaben des Satzes „Heute ohne nennenswerten Defekt angekommen" ab.

IFMA
Abkürzung für Internationale Fahrrad- und Motorrad-Ausstellung. Bis 1996 größte Zweirad-Messe der Welt, die im Zweijahres-Rhythmus in Köln stattfand. Wurde von der Intermot München abgelöst.

Integralhelm
Helm, der außer der Schädeldecke auch das Gesicht des Trägers schützt. Motorradfahrer, die in der Schule bis zur Integralrechnung vorgedrungen sind, sind verpflichtet, einen Integralhelm zu tragen.

Kawasaki
Japanisches Unternehmen der Schwerindustrie, von dem niemand weiß, wie es dazu kam, auch noch Motorräder zu produzieren.

Kickstarter
1. Tritt vor die Stoßstange eines Autos, dessen Fahrer vor einer grünen Ampel eingedöst ist.
2. Manuelle Startvorrichtung eines Motorrades als Ersatz für den fehlenden elektrischen Anlasser. Meist sind gerade Motorräder mit Startschwierigkeiten mit einem Kickstarter ausgerüstet. Wenigstens kann dann der Anlasser nicht

Kawasaki

Leistungsbegrenzung

kaputtgehen, dafür aber der Knöchel und die Bänder des Fahrers, wenn der Kickstarter bei einem Fehlversuch zurückschlägt.

Kolbenfresser

Sagenhaftes Fabelwesen, das vornehmlich in den Zentral-Ersatzteillagern japanischer Hersteller vorkommen soll. Frisst Kolben und andere Motorenteile und wird für die chronische Verzögerung in der Ersatzteilversorgung verantwortlich gemacht.

Kult

Typisches Motorengeräusch eines großvolumigen Einzylinders: Kult, kult, kult …

Leistungsbegrenzung

Viele Sicherheitsexperten glauben, eine Leistungsbegrenzung für Motorräder würde die Unfallzahlen senken. Der Bundesverkehrsminister möchte eine gesetzliche Beschränkung auf 70 PS, die Tourenfahrer eine solche auf 50 PS, die Sportfahrer hingegen wollen ein gesetzlich festgelegtes Leistungs-Minimum von 100 PS, die Chopper-Fahrer ein Hubraum-Minimum von 1000 cm³.

Lkw-Fahrer

Natürlicher Feind des Motorradfahrers. Noch gefährlicher als normale Autofahrer, da ein aufprallendes Motorrad einen Lkw weder gefährdet noch besonders verschmutzt.

Mofa

Abkürzung für motorisiertes Fahrrad. Fällt als kleinste Bauart des Motorrades nach dem Sucht- und Betäubungsmittelgesetz unter die Einstiegsdrogen.

Moped

Unter Motorradfahrern übliche, liebevolle Verkleinerungsform für ein meist hubraumstarkes, schwergewichtiges Motorrad. Auch: Bock, Karre, Kiste.

Lkw-Fahrer

Motorrad-Treffen

Motorrad-Treffen

Müsste eigentlich Motorradfahrer-Treffen heißen, denn Motorräder treffen sich ebenso selten wie Küchenmixer. Motorradfahrer dagegen treffen sich oft und gern, um Benzin zu reden, sich über vergangene Treffen zu unterhalten und zukünftige zu planen. Das berühmteste Treffen ist das Elefantentreffen. Motorrad-Treffen heißen bei Rockern auch Rallye oder Party.

Nürburgring

Rennstrecke in der Eifel mit hoher politischer Bedeutung: In den dreißiger Jahren wurde sie vom Staat gebaut, um Arbeitslose zu beschäftigen, in den siebziger Jahren umgebaut, um überflüssige Steuergelder loszuwerden, und heutzutage gepflegt, um unliebsam Politiker auf den Geschäftsführer-Posten abschieben zu können.

Ölkohle
Für die nächste Wochenend-Ausfahrt verplantes Geld.
Auch: Spritknete, Tank-Mäuse.

Paris-Dakar
Rennen für Motorräder und Autos, das quer durch das nördliche Afrika führt. Der Traum eines jeden Enduro-Fahrers. Alle anderen Motorradfahrer meinen allerdings: lieber Sidney-Rome als Paris-Dakar.

Potenzersatz
Neidische Zeitgenossen, vornehmlich Politiker, bezeichnen schnelle Motorräder als Potenzersatz für sexuell Unterentwickelte. Gerade in jüngster Zeit wurden übrigens Politiker vermehrt der akuten Geschwindigkeitsübertretung überführt.

Rallye
Rocker-Treffen, zu dem zahlreiche Rocker im Auto anreisen,

Regenkombi

weil ihr Motorrad auf dem Anhänger nicht so schmutzig wird und weil sie im Auto später besser ihren Rausch ausschlafen können.

Regenkombi
Einteiliger, nahtloser Gummianzug, der ursprünglich Motorradfahrer vor Regen schützen soll, in jüngster Zeit aber auch mit der Aufschrift „Gib AIDS keine Chance" vom Bundesfamilienministerium als Ganzkörper-Kondom in den Handel gebracht wird.

Richtgeschwindigkeit
Vom Bundesverkehrsminister vorgeschlagene Höchstgeschwindigkeit auf deutschen Autobahnen, die er selbst nicht einhält. Warum sollen dann Motorradfahrer die Richtgeschwindigkeit einhalten?

Rockerbraut
Von Laien oft fälschlicherweise verwendeter Begriff für Old Lady.

Scheinwerfer
Leute, die auch noch den letzten 10-Mark-Schein für ihr Motorrad zum Fenster hinauswerfen.

Schräglage
Leistungsmaßstab bei Sportfahrern und Rockern. Bei den Ersteren als Maß für die Kurvengeschwindigkeit, bei Letzteren als Maß für den Blutalkoholgehalt.

Slick
Profilloser Reifen für den Renneinsatz. Wird nicht für den Straßenverkehr zugelassen, weil die Polizei an Slicks nicht feststellen könnte, ob ein Reifen schon abgefahren und damit ein Bußgeld fällig ist oder nicht.

Sozia
Beifahrerin. Manchmal auch mehr, z. B. Beisch... – na, lassen wir das.

Sozia

Stummellenker
1. Besonders schmaler und flacher Lenker, der besonders lange Arme des Fahrers erfordert.
2. Fahrer mit besonders kurzen Armen, der einen besonders breiten und hohen Lenker benötigt.

Stuntfahrer
Sensations-Darsteller, die meist mit dem Motorrad auf dem Hinterrad fahren oder über eine größere Anzahl von Omnibussen springen.

Suzuki
Bekannter Motorrad-Produzent, der mit dem Bau von Zweirädern den Grundstein für eine erfolgreiche Auto-Produktion zu legen versucht.

Tester
Der härteste Beruf, der mit Motorrädern zu tun hat. Tester von

Suzuki

Transalp

Motorrad-Zeitschriften müssen selbst bei Schnee und Eis Motorrad fahren, immer wieder den Bestechungsversuchen der Industrie widerstehen und die Beschimpfungen der Leser über sich ergehen lassen.

Transalp
Honda-Modell, für das der Hersteller die übliche Garantieleistung auf die Dauer einer Alpen-Überquerung erweitert hat.

Tuner
Motorradhändler, die das Fahrverhalten von Serienmotorrädern verschlechtern, deren Schalldämpfer abbauen, alle Kunststoff- und Blech-Teile geschmacklos umlackieren und diese Maschinen dann zum doppelten Preis verkaufen.

Verkleidung
Meist aus Kunststoff gefertigte Karosserie, die mehr oder weniger viele Teile des Motorrades verdeckt – vermeintlich,

um die Aerodynamik zu verbessern, in Wirklichkeit aber nur, um hässliche Bauteile zu verbergen und dem Hersteller größere Werbeaufschriften zu ermöglichen.

Wheelie
Fahren auf dem Hinterrad, wird meist praktiziert von Stuntfahrern und Motorradfahrern mit Drang nach Höherem.

Yoghurt-Becher
Spöttische Bezeichnung der Traditionalisten unter den Motorradfahrern für vollständig mit Kunststoffteilen verkleidete und bunt lackierte japanische Superbikes.

Zebrastreifen
Von Motorradfahrern bevorzugter Jagdgrund bei der Verfolgung von Fußgängern, weil die sich nur dort schutz- und deckungslos anderen Verkehrsteilnehmern stellen.

Wheelie

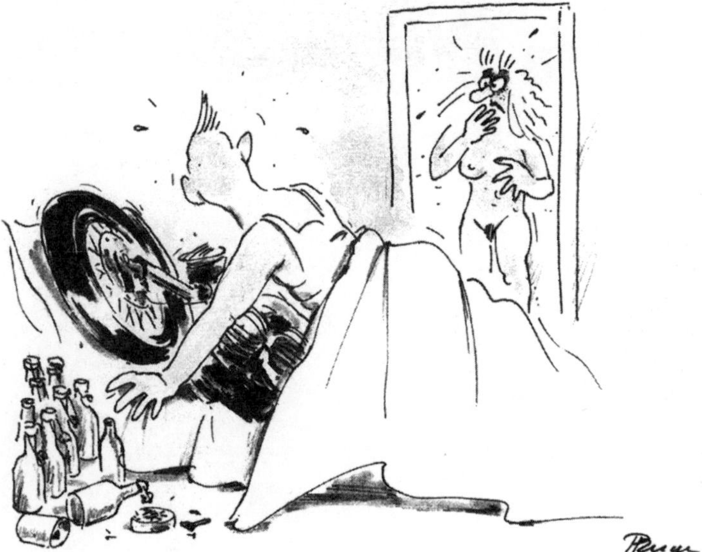

FRÖHLICHE MINIS

Bis jetzt sind erschienen:

Abnehmen
Angeln
Auto fahren
Automobil
Baby
Badminton
Beamte
Bergsteigen
Bier trinken
Börse
Bundesliga
Bundeswehr
Büro
Caravan & Wohnmobil
Computeritis
Computer

Do it yourself
EDV
Eisenbahn
Eishockey
Eltern
Feiern
Fernsehen und Video
Feuerwehr
Fitness
Fotografieren
Frauen
Führerschein
Fußball
Gärteln
Geburtstag
Gesundheit

- Golfen
- Großmutter
- Gute Besserung
- Handball
- Hochzeit
- Hunde
- Inline-Skating
- Internet
- Juristerei
- Katzen
- Kegeln
- Kinder
- Kindergarten
- Lehrer
- Männer
- Management
- Modellfliegen
- Motorrad fahren
- Mutter
- Neues Heim
- Oma & Opa
- PC
- Polizei
- Rad fahren
- Reiten
- Ruhestand
- Schule
- Segeln
- Sekretärin
- Skat spielen
- Spaß beim Backen
- Spaß beim Kochen
- Squash
- Steuern & Finanzen
- Studieren
- Surfen
- Tanzen
- Tauchen
- Tennis
- Tischtennis
- Traumurlaub
- Vater
- Verarzten
- Verheiratet
- Verkauf & Werbung
- Verliebt
- Volleyball
- Volljährigkeit
- Wein trinken
- Windows